L'Ombre et l'Éclat

TOME II

ESSAI

Yves Patrick Beaulieu

ISBN : 978-1-998250-11-0

TABLE DES MATIÈRES :

Chapitre 1

L'époque où l'on converse avec des machines

Il est venu un mot nouveau dans notre quotidien : l'« IA ». On le prononce sans trop y penser, comme si c'était une vieille connaissance. Pourtant, il n'y a pas si longtemps, ce n'était qu'une idée pour spécialistes. Aujourd'hui, c'est partout. Tout le monde y a accès, tout le monde s'y frotte, tout le monde s'y perd un peu.

Nous parlons désormais à des machines. Elles répondent. Elles nous écoutent — du moins, elles donnent cette impression. Elles trouvent, comprennent, comparent, assemblent en quelques secondes ce qui nous demandait, à nous, des heures, parfois des jours.

Le monde ne bascule pas d'un coup : il glisse. Et c'est dans ce glissement que bien des choses se perdent.

Je me suis surpris, un jour, à me demander si le métier d'auteur, celui qui commence par un geste simple — tenir un stylo, tracer une lettre, raturer une phrase — n'était pas en train de rejoindre une époque révolue. Je ne dis pas que l'on n'écrira plus : je dis que la manière d'écrire change tellement vite qu'on ne sait plus si l'on suit le mouvement ou si l'on est déjà en retard.

Tout va à la vitesse de l'instantané.

On sait tout en quelques clics. Le doute même disparaît, remplacé par une réponse immédiate. Le silence ne dure plus : il est comblé par une ligne de texte venue d'un serveur lointain. Et l'individu, dans tout cela ? Il devient plus individuel, ironiquement : penché sur son cellulaire, absorbé par un univers virtuel qui lui promet un monde complet mais qui ne pèse rien. Le réel se fait léger. Le virtuel devient lourd. Pendant ce temps, des métiers disparaissent. D'autres se transforment. On permet déjà à un notaire de dix ans d'expérience de siéger comme juge. L'acte et la décision se rapprochent, comme deux mondes qui n'étaient pas censés se toucher. Tout cela — l'IA, la vitesse, la délégation de la pensée — change la société plus vite qu'on ne peut s'en rendre compte. Je regarde tout cela et je me pose une question simple, presque naïve : **que devient l'humain dans un monde qui ne prend plus le temps de l'être ?** À l'ombre, ou devant l'éclat ?

C'est peut-être ici que commence ce livre : au point précis où la technologie devient le miroir dans lequel nous cherchons encore notre propre visage.

Chapitre 2

Quand le réel se met à trembler

Il y a un moment où l'on se rend compte que ce n'est pas seulement la technologie qui change : c'est **notre manière d'être au monde**. On ne consulte plus l'heure : on consulte l'écran. On ne se souvient plus : on cherche. On ne demande plus : on vérifie. On ne réfléchit plus seul : on attend qu'un moteur de recherche le fasse pour nous.

Ce n'est pas que l'humain devienne moins intelligent. C'est qu'il devient **moins nécessaire** à sa propre réflexion. Et c'est là que quelque chose commence à trembler. J'ai vécu assez longtemps pour voir défiler plusieurs modernités : du téléphone à cadran au cellulaire intelligent, des lettres manuscrites au courriel, de l'avis d'audience par la poste au dépôt numérique en un clic. Chaque époque avait sa logique, ses limites, ses excès. Mais jamais je n'ai vu un changement qui touche aussi directement **le rapport que l'on entretient avec nous-mêmes**. La machine n'est plus un outil. Elle devient une présence. Elle avance, bien droite, bien polie, sans émotion, mais avec une assurance que nous n'avons pas toujours. Elle ne se fatigue pas. Elle ne doute pas. Elle ne vieillit pas.

Elle ne se remet pas en question.

Nous, si. Et c'est cette différence — invisible mais immense — qui crée le tremblement dont je parle. Parce que pendant que la technologie progresse, **l'humain avance à pas d'homme** : hésitant, fragile, fait de mémoire, de honte, d'erreurs, de pardons, de petites victoires qui ne paient pas toujours le loyer. Nous sommes faits de lenteur. La machine, non. Alors je regarde autour. Je vois des métiers se défaire.

Je vois des gestes disparaître, remplacés par des automatismes. Je vois des professions se redéfinir : le notaire qui devient juge, le secrétaire qui devient logiciel, le commis qui devient terminal. Et je me demande quand la société s'arrêtera pour dire :

"Attendons l'humain." Mais elle ne dit jamais ça. Elle dit toujours : "Accélérons."

C'est peut-être pour cela que tant de gens se sentent dépassés. Ce n'est pas qu'ils ne comprennent pas la technologie. C'est qu'ils ne reconnaissent plus leur monde. Le réel tremble — pas parce qu'il s'effondre, mais parce qu'il glisse sous nos pieds, comme une route trop lisse. Et au milieu de ce glissement, **je tiens à me demander ce qui demeure.**

Ce qui reste humain, ce qui résiste, ce qui ne peut pas être remplacé, ce qui demande un cœur, une mémoire, une main, une présence.

Ce livre est peut-être justement une manière de le chercher.

CHAPITRE 3

La disparition lente des métiers humains

Il existe des gestes que la machine ne connaîtra jamais.

Des gestes minuscules, faits sans y penser, transmis de main en main, de génération en génération : la manière de plier une chemise, de tourner la terre avec précaution, d'écrire une note à la hâte mais avec soin, d'entendre dans la voix d'un client plus qu'une demande — une inquiétude, un besoin, une fatigue.

Ces gestes-là appartiennent à l'humain.

Et pourtant, lentement, ils disparaissent.

On parle souvent des grandes transformations : l'automatisation des usines, la robotisation des entrepôts, les véhicules qui se conduiront seuls. Ce sont les exemples spectaculaires, ceux qui font la une des journaux. Mais la disparition la plus douloureuse est plus subtile, presque invisible : elle touche **les métiers discrets**, les métiers du quotidien, les métiers de proximité.

Le travail manuel s'efface, oui — mais pas seulement. Les métiers de pensée, eux aussi, se transforment. Les métiers de jugement, de plume, de service, de conseil.

Ceux où l'on croyait que l'humain serait toujours indispensable.

Aujourd'hui, une machine corrige un texte, propose une phrase, suggère une idée, aligne un argument juridique, conseille une stratégie, classe une image, identifie une voix.

Et demain ?

Qui sait.

Je regarde autour de moi et je vois les traces d'un monde qui se retire doucement. La couturière qui reprenait les vêtements du voisinage. Le réparateur de montres. Le typographe. Le commis qui connaissait chaque client par son prénom.

Le préposé qui voyait dans une demande administrative autre chose qu'un formulaire. Le journaliste local qui racontait l'histoire des gens du coin, pas seulement des événements.

Tout cela ne disparaît pas d'un seul coup. Cela s'amenuise, comme une photo qui pâlit au soleil.

Dans certains domaines, ce sont les machines qui prennent la relève. Dans d'autres, ce sont les humains qui perdent l'habitude.

Et dans d'autres encore, c'est la société qui ne voit plus l'importance du geste.

Ce que la machine ne voit pas, c'est le sens du travail humain. Elle connaît l'efficacité, pas le lien. Elle exécute, elle n'écoute pas. Elle calcule, mais elle ne comprend pas pourquoi ce calcul importe.

Et pourtant, notre valeur ne réside pas dans ce que nous faisons vite, mais dans ce que nous faisons avec attention.

Dans un monde qui accélère, la lenteur devient une forme de résistance. Continuer à écrire à la main. Continuer à réfléchir sans écran. Continuer à poser une question à un humain plutôt qu'à une interface. Continuer à être présent, physiquement, réellement, entièrement. Peut-être que le grand défi de notre époque n'est pas de cohabiter avec l'intelligence artificielle, mais de **garder vivante l'intelligence humaine** — celle qui doute, qui hésite, qui écoute, qui ressent.

Parce qu'un métier n'est jamais qu'une tâche. C'est un rôle dans la communauté. Et lorsque ce rôle disparaît, c'est un morceau de notre monde qui disparaît avec lui.

CHAPITRE IV

Le notariat, la magistrature et le flou du document

Il existe, dans le monde juridique, une frontière qui a longtemps été claire : celle qui séparait l'acte de la décision.

Le notaire écrivait, le juge tranchait. Deux métiers, deux postures, deux horizons. Puis, lentement, presque silencieusement, cette frontière a commencé à se diluer.

Aujourd'hui, le notaire peut devenir juge après dix ans de pratique. La maîtrise de l'acte ouvre la porte à la magistrature. Et soudain, deux univers autrefois distincts se rencontrent, se superposent, parfois s'entrechoquent.

À première vue, cela semble logique : qui mieux qu'un notaire connaît la mécanique des successions, des contrats, des volontés, des documents étalés en dossiers ? Et pourtant, quelque chose grince.

Parce qu'un acte n'est pas une sentence.

Parce qu'un protocole n'est pas un jugement.

Parce qu'un document bien rédigé ne dit pas tout ce qu'il faut comprendre.

Il y a dans cette fusion naissante une promesse — et un risque. Les actes notariés, dans leur forme, semblent solides. Encadrés, paraphés, stylisés, ils donnent l'impression d'être complets. Mais dans les faits, ils reposent souvent sur des zones d'ombre : des intentions non dites, des choix imprécis, des formulations trop neutres, des silences qui ne devraient pas exister.

Le notaire rédige pour la paix des familles. Mais le juge doit, lui, arbitrer leurs conflits. Entre l'un et l'autre, il y a une frontière d'interprétation. Et cette frontière reste floue, même lorsque le notaire devient juge.

Dans certains dossiers — celui de M. Denis en est un exemple frappant — le flou du document devient l'arme principale de la partie adverse. On s'accroche à ce qui n'a pas été écrit plutôt qu'à ce qui a été voulu. On s'abrite derrière la forme pour éviter le fond

L'acte, pourtant conçu pour éviter la discorde, devient alors l'instrument de celle-ci.

La confusion entre notariat et magistrature soulève une question plus profonde : **que transmet réellement un document ?**

Transmet-il la volonté ? Ou seulement des mots ? Transmet-il une intention ? Ou une interprétation ?

Le défi n'est pas seulement juridique. Il est humain.

Un notaire travaille dans un bureau tranquille, avec des clients assis devant lui.
Un juge, lui, se tient face à deux camps qui s'opposent — et souvent s'affrontent — dans un lieu où le langage n'est plus le même, où chaque mot pèse plus lourd, où le silence d'une clause peut décider du sort d'une urne, d'une maison, d'une vie.

Lorsque les deux fonctions se rapprochent trop, on risque d'oublier que la justice n'est pas seulement un acte.

Elle est un regard. Un discernement. Une écoute. Dans une société qui se transforme, où l'efficacité est devenue un mot d'ordre, où l'IA s'immisce dans les textes, où les frontières professionnelles se transforment, il devient crucial de rappeler que la clarté d'un document ne remplace jamais la présence humaine.

Il ne suffit pas que le document soit bien rédigé. Il faut qu'il soit compris. Il faut qu'il soit entendu comme un message, pas comme une preuve mécanique. Et c'est peut-être là que se jouera l'avenir du droit civil : dans la capacité de ne pas confondre l'outil et la finalité, le protocole et la justice, la forme et l'âme.

Parce qu'un acte, même parfait, ne parlera jamais par lui-même. Il a besoin d'un lecteur humain.

Il a besoin d'un juge qui voit au-delà des lignes.

Il a besoin d'un monde qui se souvient qu'avant les procédures, il y a des personnes.

CHAPITRE V

Le citoyen sans carte

Il existe une vérité simple, que personne n'ose écrire clairement : dans le monde judiciaire, le citoyen est un étranger. Non pas un adversaire, non pas un intrus, mais un être **sans carte**. Sans guide. Sans orientation. Sans cette boussole que tous supposent universelle, mais que personne ne lui fournit.

Le droit, pourtant, est censé être l'affaire de tous. Mais il est devenu un labyrinthe dont l'entrée même est invisible.

On suppose que chacun en connaît les règles, les portes, les usages, les délais, les mots. On suppose que chacun comprend la différence entre une requête et une procédure introductive, un recours en urgence et un débat sur le fond, un acte notarié et un jugement.

Mais ce n'est pas vrai. Pas pour la majorité des gens. Pas pour les citoyens ordinaires qui n'ont jamais tiré un dossier d'un greffe ni entendu la sécheresse d'une directive judiciaire.

Le citoyen sans carte pénètre dans un univers où les évidences ne sont pas les siennes.

Ce qui lui semble logique ne l'est pas. Ce qu'il croit suffisant est jugé incomplet. Ce qu'il appelle « preuve » n'est parfois qu'un morceau de papier sans valeur procédurale.

Et ce qu'il demande — parfois une chose aussi simple que respecter les volontés d'une défunte — devient soudain un casse-tête technique dont les pièces ne s'assemblent pas.

Le citoyen se retrouve là, debout, devant un système qui n'a jamais été conçu pour être compris. Un système où l'erreur n'est pas pardonnée, où la méconnaissance est un obstacle, où l'absence de représentation devient un reproche, où chaque mauvaise porte frappe avant lui.

On lui dit : « Vous auriez dû savoir. » Mais comment ? Où l'aurait-il appris ? Dans quelle école enseigne-t-on les voies de la justice civile ? Dans quel manuel explique-t-on comment orienter un conflit humain dans un univers régi par les délais, les articles, les numérotations, les usages ?

Le citoyen n'a pas de carte. Et personne ne songe à lui en offrir une.

Pourtant, ce citoyen existe. Il vit dans vos rues, il paie ses comptes, il enterre ses morts, il remplit ses formulaires avec application. Et lorsqu'un jour il doit se présenter devant la justice, ce n'est pas pour revendiquer une fortune ni pour défaire un adversaire. C'est souvent pour accomplir un devoir. Un geste de fidélité.

Une responsabilité imposée par la vie.

C'est là que l'absurdité apparaît : un système conçu pour protéger le citoyen finit par l'éprouver davantage que ceux qui en abusent. Celui qui agit de bonne foi peine à franchir la première étape. Celui qui refuse d'agir exploite les failles. Et celui qui cherche juste à être entendu n'obtient que des renvois vers d'autres portes qu'il ne savait pas exister.

Le citoyen sans carte, ce n'est pas seulement M. Denis. C'est un symbole.

C'est chaque personne qui, un jour, se retrouve devant un acte flou, un silence administratif, un refus poli, une procédure trop vaste, un greffe trop occupé, une salle d'audience trop froide. Ce citoyen porte encore les valeurs anciennes : qu'un geste donné doit être complété, qu'une promesse doit être tenue, qu'une volonté exprimée doit être exécutée.

Mais le système, lui, parle une autre langue. Et tout le problème réside là : **entre la justice que l'on croit et la justice que l'on vit, il y a l'écart où se perd l'humain.**

Alors que faire ? Faut-il renoncer, faute de carte ? Attendre que les institutions deviennent plus pédagogiques ? Souhaiter que l'intelligence artificielle devienne un jour le guide que les humains n'ont pas su offrir ?

Certains diront oui. Mais d'autres — ceux qui portent en eux ce sens immobile du devoir, ce résidu de fidélité qui ne se négocie pas — avanceront quand même. Ils chercheront, apprendront, trébucheront. Et peut-être qu'un jour, ils ouvriront la bonne porte.

Le citoyen n'a pas de carte, mais il a quelque chose que le système ne peut lui enlever : **la conviction intime qu'il existe une voie juste, même si elle n'est pas indiquée.**

Et parfois, cela suffit pour continuer.

CHAPITRE VI

L'homme devant l'institution

Il y a un moment, dans la vie de tout citoyen, où l'individu se retrouve face à une institution. Face à un guichet, un comptoir, une salle, une plateforme, un tribunal.

Face à un système vaste, lent, impersonnel — un système qui le dépasse, qui l'écrase parfois sans même le vouloir. Ce moment ressemble à une mise à nu. Car l'institution, quelle qu'elle soit, ne voit jamais la personne.

Elle voit un dossier. Un numéro. Un échéancier. Une étape parmi d'autres.

L'homme, lui, arrive avec sa vie entière : ses peurs, ses espérances, ses deuils, ses erreurs, son courage. Et il découvre alors ce paradoxe : plus la structure est immense, plus l'individu se sent petit. Il existe des institutions bienveillantes, mais il n'en existe pas de chaleureuses.

Elles fonctionnent selon la logique propre à leur existence : une logique de formulaire, de preuves, de délais, de conformité. Elles ne sont pas faites pour l'émotion, encore moins pour l'indicible.

Et pourtant, ce que l'individu apporte, ce n'est jamais seulement un document : c'est son histoire. Son rapport au monde. Son désir de réparation ou de reconnaissance. Son besoin d'être entendu, pas seulement d'être traité.

Mais l'institution ne parle pas cette langue-là. Elle parle la langue du protocole.

Devant une institution, l'homme ressent trois choses qui ne s'avouent pas :

1. La crainte,

celle de mal faire, de ne pas comprendre, d'arriver trop tard, d'avoir oublié le mot exact, le papier juste, la phrase attendue.

2. L'impuissance,

celle d'être pris dans quelque chose qu'il ne maîtrise pas, qui avance sans lui, qui répond en termes neutres à des réalités qui ne le sont pas.

3. L'espoir,

malgré tout, celui d'obtenir une réponse juste, une écoute, un moment où sa voix prendra forme dans l'esprit de quelqu'un. Ce triangle fragile constitue la position humaine devant tout appareil institutionnel. On ne se présente jamais seulement pour obtenir quelque chose. On se présente pour être reconnu. Et pourtant, dans bien des cas, l'institution demande à l'homme ce qu'il ne peut pas offrir : l'abstraction.

Elle veut une version simplifiée, schématisée, désincarnée de sa réalité.
Elle ne veut pas de l'émotion, elle veut du factuel.
Elle ne veut pas du vécu, elle veut la date précise.
Elle ne veut pas de la mémoire, elle veut la preuve.

Et l'homme doit alors choisir : laisser tomber ce qui fait de son histoire une histoire humaine, ou s'efforcer de tout convertir en pièces, comme on convertit une vie en archives. C'est là que se produit la cassure.

Car l'humain n'est pas conçu pour être résumé par un formulaire.

Ce chapitre, pourtant, ne se veut pas une condamnation des institutions. Elles existent pour structurer, protéger, encadrer, garantir. Elles sont nécessaires, indispensables même.

Mais elles doivent apprendre à évoluer. Elles doivent comprendre que la justice, l'administration, l'État, ne peuvent plus fonctionner comme aux siècles passés : dans le silence et la verticalité. Nous vivons à une époque où la transparence est attendue, où la compréhension est un droit, où l'accès doit être humain avant d'être réglementaire.

La technologie — et même l'intelligence artificielle — pourrait devenir un pont. Un traducteur entre le citoyen et le système. Non pas pour remplacer l'humain, mais pour lui rendre ce qui lui échappe : la clarté.

L'homme devant l'institution est vulnérable. Mais il n'est pas impuissant. Il peut apprendre, se documenter, s'entourer, questionner. Il peut aussi — et c'est essentiel — revendiquer sa place.

Parce qu'une institution n'existe pas pour elle-même. Elle existe pour l'individu. Elle existe parce que des hommes et des femmes ont besoin d'un cadre où leurs droits sont entendus, leurs devoirs définis, leurs conflits arbitrés.

Face à elle, l'homme reste seul. Mais il reste aussi digne. Et parfois, cette dignité suffit à faire vibrer quelque chose dans la machine. Pas toujours, pas parfaitement, mais parfois assez pour ouvrir une porte. Et dans ces moments-là, l'homme devant l'institution ne se sent plus écrasé.

Il se sent inclus. Reconnu. Présent. C'est peut-être cela, finalement : la plus grande forme de justice que nos systèmes peuvent offrir.

[illegible]

CHAPITRE VII

La lente transformation du lien humain

Il fut un temps où les liens humains se tissaient naturellement. Dans un café, dans une file d'attente, chez le voisin, dans les couloirs d'une école. On se parlait sans effort, on demandait de l'aide sans appréhension, on offrait un coup de main comme un réflexe simple. La société vivait à hauteur d'homme.

Aujourd'hui, cette évidence s'est effilochée.

Les liens n'ont pas disparu — ils ont changé de forme. Ils se sont déplacés, parfois fragilisés, parfois intensifiés, mais presque toujours transformés.

Non pas en un seul mouvement, mais par une accumulation de petites fractures : le numérique, la vitesse, l'optimisation, l'auto-dépendance, l'individualisation.

Nous vivons dans un monde hyper connecté où paradoxalement l'on s'isole davantage.

On connaît des avatars, des voix, des profils, mais peu de visages. On échange des messages, mais on se parle moins.

Les liens sont nombreux, mais moins profonds.

La transformation du lien humain est lente, presque imperceptible à l'œil nu. Elle ne s'annonce pas comme un bouleversement, mais comme une érosion continue.

On ne demande plus son chemin — on consulte une application.

On ne parle plus à un commis — on interagit avec un écran.

On ne cherche plus un conseil — on consulte un moteur de recherche.

Tout est plus rapide, plus efficace, plus fluide. Mais le contact, lui, se raréfie. Et avec lui disparaît une certaine forme de chaleur. Une manière d'exister pour et avec les autres.

Ce phénomène n'est pas uniquement technologique. Il est aussi culturel.

La société moderne a valorisé l'autonomie au point d'en faire une injonction.

« Débrouille-toi. » « Sois efficace. » « Sois performant. » « Ne dérange pas. »

Et dans ce monde où l'on doit tout faire soi-même, où demander devient un aveu, le lien humain se modifie insidieusement : il devient un luxe, presque une faiblesse. Mais la vérité, c'est que nous ne sommes pas faits pour être seuls. L'humain est un être de réciprocité. Il a besoin d'être entendu, reconnu, compris.

Et la technologie, loin de remplacer ce besoin, en révèle l'ampleur. Plus nous vivons derrière des écrans, plus nous ressentons le vertige de l'isolement. Plus nous automatisons les gestes, plus nous désirons ce qui ne s'automatise pas : un regard, une empathie, une présence.

Il existe pourtant un paradoxe troublant. Alors que les liens se fragilisent dans la vie quotidienne, ils se renforcent dans les zones de vulnérabilité.

Devant la maladie, le deuil, l'injustice, la solitude, la solidarité se réveille.

La compassion se fait plus vive. Des liens inattendus apparaissent, parfois entre parfaits étrangers. C'est comme si, au plus fort de nos fragilités, nous retrouvions ce qui nous manque le plus. Comme si l'humain cherchait spontanément à reconstituer ce qui a été effacé par les habitudes modernes.

La lente transformation du lien humain n'est donc pas seulement une perte. C'est un déplacement : du quotidien vers l'essentiel. Du superficiel vers le profond.

De l'évidence vers la nécessité.

Le défi de notre époque n'est pas de restaurer l'ancien monde — il est de réinventer les liens dans celui-ci. De permettre à l'humain de retrouver une place, non pas contre la technologie, mais à travers elle.

De reconstruire des communautés là où il ne reste plus que des flux. De réapprendre à parler quand tout incite à écrire. De réapprendre à écouter quand tout incite à répondre vite. Il ne s'agit pas de revenir en arrière.

Il s'agit de ne pas s'éteindre. Parce qu'au cœur de cette transformation lente, silencieuse, obstinée, une vérité demeure : les liens humains ne disparaissent pas.

Ils changent de forme, mais ils persistent.

Ils s'adaptent, mais ils reviennent.

Ils se taisent, mais ils vibrent.

Et c'est dans cette vibration fragile que l'humain reconnaît encore sa place dans le monde.

CHAPITRE VIII

La Voie juste : ce que l'humain cherche vraiment

Depuis des siècles, on croit que l'humain cherche la justice. Qu'il aspire à un équilibre, à une vérité, à une réparation. Mais ce n'est pas tout à fait vrai. Ce que l'humain cherche, dans sa profondeur la plus simple, ce n'est pas *la justice* : c'est **la voie juste**.

La justice est une institution. La voie juste, elle, est un chemin intérieur.

L'une se calcule, se structure, se codifie. L'autre se ressent, se reconnaît, se choisit.

Et c'est là toute la différence.

La voie juste n'est pas parfaite. Elle n'est pas exempte d'erreurs, ni de détours, ni de fragilités. Elle ne garantit pas le succès, ni l'équité objective, ni même l'accord des autres. Elle ne promet pas de gagner — elle promet de rester fidèle.

Fidèle à ce que l'on sait vrai.
Fidèle à ce que l'on doit.
Fidèle à ce que l'on veut être.

La justice, elle, peut être froide. Elle obéit à des règles, elle répond à des articles, elle navigue entre les limites du possible. Elle a ses forces, mais aussi ses angles morts.

La voie juste, elle, ne connaît pas ces frontières. Elle est la réponse intime à une question simple :

Qu'as-tu fait lorsque tout semblait te dépasser ?

Il existe dans chaque existence un moment où la voie juste ne coïncide plus avec la voie facile.

Où l'on sait que continuer demande courage, persévérance, parfois renoncement. Où l'on comprend que personne ne viendra valider notre choix.

Dans ces moments-là, l'humain révèle ce qu'il porte au fond de lui : non pas le désir d'être récompensé, mais celui d'être en paix.

Cette paix ne se décrète pas. Elle se construit. Elle se mérite même, à force d'efforts, de patience, d'intégrité silencieuse.

Elle surgit lorsque l'on sait que l'on a fait ce qui devait être fait — même si personne ne l'a remarqué, même si le monde n'a pas changé, même si le résultat n'a pas été celui espéré.

La voie juste n'est pas un triomphe : c'est un alignement.

Dans un monde où tout s'accélère, où les décisions se mesurent en efficacité, où la technique prend la place des liens, suivre la voie juste peut paraître décalé, presque naïf.

Mais c'est précisément dans ces époques que la voie juste redevient essentielle. Elle n'est pas un luxe moral.

Elle est un repère. Elle permet de ne pas se perdre dans le bruit. Elle permet de résister à l'indifférence générale.

Elle permet de rester entier là où tout pousse à se fragmenter.

Et surtout, elle permet un geste essentiel : **refuser de devenir étranger à soi-même.**

Ce que l'humain cherche vraiment, ce n'est pas un jugement en sa faveur, ni l'approbation d'un système, ni la reconnaissance extérieure. Ce qu'il cherche — même s'il ne le formule pas ainsi — c'est de pouvoir se dire :

« J'ai fait ce qu'il fallait.
J'ai été fidèle à ce que je devais accomplir.
Je n'ai pas trahi ce qui compte. »

C'est cela, la voie juste.

Elle n'a pas besoin d'être applaudie.
Elle n'a pas besoin d'être comprise.
Elle n'a même pas besoin d'être visible.

Elle a seulement besoin d'être tenue.

Dans un siècle où l'on cherche à simplifier l'humain pour le faire entrer dans des systèmes trop étroits, suivre la voie juste est une forme de résistance — une manière de rappeler que l'homme ne se mesure pas en résultats, mais en profondeur.

Et c'est dans cette profondeur que se trouve ce que l'humain cherche vraiment : non pas la perfection, mais la justesse.

CHAPITRE IX

L'homme réinventé

Nous vivons une époque où tout change plus vite que les générations n'ont le temps de s'y habituer. Les métiers, les liens, les institutions, les gestes… tout glisse, tout se réécrit, tout se déplace. Et l'humain, au milieu de ces mouvements, n'a pas d'autre choix que de se réinventer.

Mais qu'est-ce que cela signifie, vraiment ?

Se réinventer n'est pas devenir quelqu'un d'autre. Ce n'est pas abandonner ce que l'on est. Ce n'est pas se dissoudre dans la technologie ou dans les systèmes nouveaux. Se réinventer, c'est retrouver un chemin à travers des paysages qui ont changé.

C'est apprendre à demeurer soi dans un monde qui se dérobe.

L'homme réinventé n'est pas un être augmenté, assisté, corrigé par la machine. Il n'est pas non plus un survivant nostalgique accroché au passé. Il est ce point d'équilibre fragile entre ce que le monde devient et ce qu'il refuse d'oublier.

Il accepte que la technologie soit là — omniprésente, rapide, efficace — mais il refuse de lui laisser occuper la place du sens. Il accepte d'adapter ses gestes, mais il refuse d'abandonner sa profondeur.

L'homme réinventé ne sera pas celui qui maîtrise le mieux la technique. Il sera celui qui sait encore écouter. Regarder. Douter. Prendre le temps.

Choisir.

Parce qu'au fond, ce qui distingue encore l'humain n'est pas son intelligence — c'est son discernement. Dans un monde saturé d'informations, de réponses instantanées, de solutions toutes faites, l'homme réinventé cultive une compétence devenue rare : **la lenteur réfléchie**.

Il prend le temps d'un jugement, d'une phrase, d'une décision. Il ne se précipite pas vers l'efficacité si elle doit lui faire perdre l'essentiel. Il comprend que la rapidité n'est pas une valeur, et que l'accélération n'est pas un progrès.

C'est dans cette lenteur que renaît l'humain.

C'est dans ce regard posé que la justice retrouve un visage.

C'est dans ce pas hésitant que les liens reprennent leur souffle.

L'homme réinventé n'a pas peur des outils — il a peur de l'oubli. L'oubli du lien. L'oubli du geste humain. L'oubli de la nuance. L'oubli de l'empathie.

Il sait que l'avenir sera rempli de machines capables d'aider, d'accompagner, de penser même — mais il sait aussi que le courage, la fidélité et la mémoire ne pourront jamais être transférés à un algorithme.

La machine calcule.
L'humain répond.

La machine exécute.
L'humain décide.

La machine prédit.
L'humain choisit.

C'est cette différence subtile — mais irréductible — qui définit l'homme réinventé.

Il y a quelque chose de magnifique dans cette transformation. Ce n'est pas un effacement.

Ce n'est pas une soumission. Ce n'est pas une lutte.

C'est un **rééquilibrage**. Une manière nouvelle d'habiter le monde. L'homme réinventé ne s'oppose pas à la technologie : il l'apprivoise. Il comprend que l'avenir sera fait d'hybridations, de complémentarités, de cohabitations — et que le défi n'est pas d'être plus fort que la machine, mais d'être plus humain que jamais.

C'est cela, sa force. Ce n'est pas l'efficacité, ni la performance, ni la vitesse. C'est la présence. L'homme réinventé n'est pas un homme nouveau. C'est un homme retrouvé.

Un homme qui, malgré le bruit, malgré la vitesse, malgré l'érosion des liens, parvient encore à tenir ce fil invisible qui le relie aux autres, à lui-même, et à ce qui donne un sens à son existence.

La réinvention n'est pas un projet futuriste. C'est un retour. Un retour vers ce que nous aurions toujours dû préserver : la dignité, la nuance, la mémoire, la fidélité au vrai.

Et c'est dans ce retour que l'homme réinventé trouve sa place dans le siècle. Il ne domine pas la machine. Il ne s'y soumet pas. Il l'accompagne, il s'en sert, il la dépasse — non pas en intelligence brute, mais en intelligence humaine. Et c'est cette intelligence-là, fragile mais essentielle, que notre époque devra protéger.

CHAPITRE X

L'Ombre et l'Éclat

Il existe des jours où la justice paraît n'être qu'une ombre projetée sur le sol, un tracé sans substance, un contour plus qu'une présence. Et puis, il y a ces instants rares — fulgurants même — où une lumière traverse enfin l'épaisseur du doute, et l'on croit percevoir l'éclat d'un sens, d'une direction.

Entre les deux, il y a la vie des hommes.

Depuis des mois, M. Denis et moi avançons dans un dédale que rien n'avait annoncé. Un couloir froid où les portes se ressemblent, où l'on apprend trop tard qu'une seule était la bonne. Nous avions cogné à la mauvaise — celle de l'injonction — persuadés qu'elle ouvrirait sur la justice, la vraie. Mais l'ombre de la procédure s'était refermée sur nous sans un bruit, comme si elle ne nous avait jamais reconnus. Nous étions des silhouettes, rien de plus.

L'éclat, lui, est venu plus tard. Et il ne venait pas de la magistrature. Il venait de l'idée — simple et limpide — que la voie successorale était la seule qui respectait le sens profond de notre démarche. La seule qui ne cherchait ni victoire, ni gain, ni combat, mais **exécution des volontés**. La seule porte qui ne soit pas armée contre le citoyen, mais qui lui donne encore une chance de dire : *j'agis par fidélité, non par intérêt.*

La justice moderne, avec sa technicité, ses circulaires et ses zones grises, semble parfois avoir oublié l'élément essentiel : l'être humain. Et dans cette ère numérique où les réponses se produisent en trois secondes et où les machines écrivent plus vite que les mains, il devient difficile de croire que l'âme a encore sa place au cœur de la décision. On parlera d'efficacité, d'optimisation, de conformité. Jamais — ou si peu — d'humanité.

Pourtant, c'est d'elle qu'il s'agit, toujours.

Face à la froideur d'une salle d'audience, M. Denis était un homme sans carte. Il tentait de se repérer dans un monde qui ne lui avait jamais été enseigné et dont les chemins ne sont pas indiqués. Les institutions ont oublié d'expliquer au peuple comment y entrer, comment s'y tenir, comment parler leur langue.

Il existe des lois pour tout, sauf pour dire au citoyen comment s'y retrouver.

Alors M. Denis avançait comme on avance dans un brouillard : en cherchant un repère, un signe, un éclat. L'ombre lui collait aux pas, pesante, tenace. L'éclat, lui, se présentait par moments — dans un mot entendu, dans une logique retrouvée, dans la découverte de cette seconde voie, la vraie porte : *la demande successorale.*

L'Ombre et l'Éclat : ce sont les deux faces du même parcours.

L'ombre, ce fut la première instance, son incompréhension, son rejet.

L'éclat, ce fut la lucidité retrouvée, la capacité de dire : *Nous avons frappé à la mauvaise porte, mais nous savons maintenant où aller.*

L'ombre, ce fut l'absence d'écoute. L'éclat, ce fut la certitude du droit.
L'ombre, ce fut la procédure mal adressée.

L'éclat, ce fut la découverte de l'article 840 du Code civil.

Dans toute quête, il faut un passage à travers l'obscurité. Le nôtre a commencé dans la croyance naïve qu'il suffit d'avoir raison pour être entendu. Mais la justice ne répond pas à la raison : elle répond à la voie. La bonne. Celle qu'il faut trouver. Et au cœur de ce chapitre, une question demeure : **Que devient l'humain dans tout cela ?**

Il devient l'encre invisible de ces pages. Il devient celui qui porte la mémoire de la défunte. Il devient celui qui tient encore aux volontés d'une personne disparue, alors que le système lui demande d'abandonner pour ne pas se compliquer la vie. Il devient celui qui persiste, même lorsque la première porte s'est refermée. L'ombre n'est plus totale. Elle recule. Parce que l'éclat — même fragile — a pris sa place. Et c'est ainsi que s'ouvre, doucement, dignement, la seconde partie de ce livre : celle où l'on demande non pas de gagner, mais de **respecter**.

Non pas de vaincre, mais de **restaurer**.

Non pas de débattre, mais d'achever un acte humain.

La lumière ne détruit jamais l'ombre. Elle lui donne un sens.

L'éclat n'est jamais tonitruant. Il n'entre pas avec fracas. Il apparaît comme un souffle clair, comme un soulagement discret, comme une lampe qu'on allume sans bruit.

L'éclat, dans cette histoire, n'est pas celui d'un jugement triomphant. Ce n'est pas celui d'une victoire sur les adversaires. Ce n'est pas celui de la reconnaissance publique.

L'éclat, c'est la lumière retrouvée dans la fidélité à un souhait. C'est la certitude d'avoir fait ce qu'il fallait, de la bonne manière. C'est l'humanité qui revient après s'être éclipsée dans les couloirs glacés de la procédure. Un jour, l'urne sera déposée dans la terre calme de Sainte-Mélanie. Un nom sera inscrit, une date, un lieu. Et M. Denis, debout devant cette paix retrouvée, saura que tout cela valait l'effort.

L'éclat, c'est cela : le moment où l'on comprend que le devoir accompli brille plus fort que tout jugement. Dans ce monde qui change, dans ces systèmes en mutation, dans ces institutions parfois sourdes, il reste une chose immuable : la fidélité silencieuse des vivants envers les morts.

L'ombre a duré.

L'éclat demeure.

Et c'est dans cet éclat-là que se termine ce récit : non pas dans la colère, non pas dans l'injustice, mais dans la lumière douce du devoir accompli.

ÉPILOGUE —

De la Volonté, du Cœur et de la Justice

La voie successorale : le chemin qu'on aurait dû suivre

Une succession devrait d'abord être un espace d'ordre et de respect, non de conflit. Le droit québécois prévoit un chemin clair : le liquidateur administre, les héritiers collaborent, la volonté de la personne défunte s'accomplit naturellement. Mais lorsque l'un d'eux se dérobe, la voie successorale se referme. Le geste le plus simple devient un obstacle, une urne devient objet de discorde. Face à ce blocage, il a fallu quitter ce chemin naturel pour emprunter la route plus froide de la voie judiciaire.

L'injonction : un appel lancé dans le désert

L'injonction n'est pas le premier recours. C'est un remède extraordinaire, un signal de détresse juridique. Dans l'affaire Denis/Hains, elle fut un cri. La justice a répondu, mais n'a pas réparé. L'injonction rejetée n'a pas clos le combat — elle a simplement révélé que la véritable instance était la voie successorale.

L'instance successorale : là où la mémoire retrouve un langage

L'instance successorale sert à clarifier le testament, débloquer la succession, ordonner la remise d'un bien, ou interpréter une volonté funéraire. C'est la voie où l'on peut enfin regarder la relation réelle entre la défunte et l'homme qu'elle appelait « amoureux de cœur ».

"Amoureux de cœur" : une déclaration plus forte que la froideur du droit

Cette expression rare dans un testament témoigne d'une réalité affective profonde. Elle corrige ce que la loi ne voit pas : la véritable place du conjoint de fait.

Dire « amoureux de cœur », c'est désigner celui qui a aimé, accompagné, compris. Dans un litige sur l'urne, ce mot pèse lourd.

Comprendre l'opacité de la partie adverse

Pour comprendre les agissements d'Anny Lapierre et des siens, il faut regarder au-delà des gestes : l'évitement, la peur, l'ego, la réécriture familiale, la dissonance ancienne, ou parfois l'indifférence. Et surtout, le silence — long, stratégique, épuisant.

Le justiciable non représenté : une voix isolée

Se présenter seul en cour est un acte de courage, mais un acte périlleux. Le juge écoute mais ne guide pas. Pourtant, M. Denis l'a fait : par nécessité, par fidélité, par respect pour la volonté de la défunte. Il n'a pas perdu : la justice n'a simplement pas encore regardé au bon endroit.

Ce que révèle cette histoire

Ce dossier expose trois fractures : institutionnelle, familiale et judiciaire. Mais il révèle aussi une fidélité : celle d'un homme qui refuse l'oubli et porte seul une volonté que d'autres ont ignorée.

Conclusion finale : ce que la justice n'a pas encore entendu

L'urne n'est pas un objet. C'est la dernière présence de celle qui n'est plus. Et celui qu'elle appelait « amoureux de cœur » en est le gardien naturel. Ce tome se referme, mais le dossier demeure ouvert. Un jour, la justice devra entendre ce que le cœur avait déjà écrit.

NOTE FINALE

Et aujourd'hui encore, malgré les mois écoulés, le dossier avance. J'ai remis à M. Denis trois cartables complets — documents, correspondances, preuves, fondements — tout ce que requiert la demande d'instance successorale. Ils seront déposés au greffe d'ici le 3 décembre.

Le combat continu, mais cette fois, il emprunte enfin la voie juste.

www.ingramcontent.com/pod-product-compliance
Lightning Source LLC
LaVergne TN
LVHW010739061126
851857LV00014B/1560
* 9 7 8 1 9 9 8 2 5 0 5 3 0 *